愿你喜欢笑也喜欢自己

唐艺昕 著

中国友谊出版公司

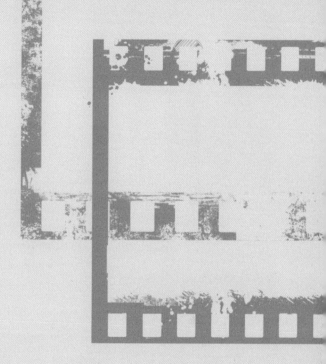

陪伴

每到夏天
院子坐在阳光的怀里

外婆坐在院子的怀里
我就坐在外婆的怀里

陪伴，是
最长情的告白

我童年的大部分时间是和外婆一起度过的。
那时候外婆虽然已经七十多岁了，但她身
体硬朗，一点儿毛病都没有，看上去一点
儿也不像是年逾古稀的老人。

不管外婆去哪里，我都是她的跟屁虫，一
直跟着她。和外婆出门，我经常走着走着
就开始撒娇，哭着闹着让她背我，不然就
赖在地上不走。而外婆总是会满足我的要
求，蹲下来向我展开她温暖又安全的背。
一爬上她的背，我就又开始笑了。

如今，每当我睡不着觉失眠的时候还会经
常想起外婆，想起小时候。她每晚都会挠

着我的背哄我入眠，我就依偎在她怀里，
听着她唱的童谣安然入睡。那些童谣我早
已记不清楚，可是躺在外婆怀里让她给我
挠背的感觉却一直很清晰。

后来长大了一点儿，就不再让外婆搂着睡
了，但是却没办法忘掉挠背的习惯。每次
学习压力大睡不着的时候，我就让我妈学
着外婆那样给我挠背，虽然和外婆的感觉
不太一样，但也能让我很快放松下来。一
直到高考，妈妈都用这个方法帮我减压。

从我记事起，外婆就是一个不愿意麻烦别
人的人。她每次生病都自己去诊所开药；

我拍戏以后，见外婆的时间就越来越少，她住院了也不让我和家里人放下工作回去陪她。其实我知道，她是怕我们麻烦，不想让我们担心，虽然生着病，却还在替我们着想。

她总对我说，我没事，你好好拍戏，让我在电视机里多看见你我就开心了，你好好去玩吧。以前不懂，我就真的去工作了、去玩了。

后来的后来，过了很久才明白，其实老人是最怕寂寞的，他们被衰老的身体困在原地，只能孤单地生活。但是他们的快乐也最简单，简单如初生的孩童，只要子孙们

来多看看自己，他们就会很开心。

如果再来一次，外婆对我说"我没事，有护士照顾，你去玩吧"，我肯定无论如何也会赖着不走，我肯定会挠着外婆的背，给她唱歌，哄她睡觉，陪她开心。

突然想起了小时候经常听的周杰伦的那首歌：

外婆她的期待

慢慢变成无奈

大人们始终不明白

她要的是陪伴

而不是六百块

比你给的还简单……

人一生的每一个阶段，都需要有人陪伴，外婆用那时温暖的怀抱给了我童年里最好的陪伴，我也将在她不能再背我的时候用温暖的陪伴来回报，这也许就是陪伴的意义。💛

初恋

我想要　两颗西柚　最好最圆的月亮　苹果树　一座鹊桥

雪花飞舞的路　没有尾巴的春天　雏菊　鸡尾酒　你

每一辆周末的火车，
都通向身处远方的恋人

我的初恋是高中同学，那时候的恋爱都是顶着早恋的罪名，要冒着一不小心就会被学校和家长发现的危险。那个时候的喜欢，没有那么多为什么，心心念念想的全是那个人。

而且那个年纪的我们，青涩懵懂，不善于表达，总是把喜欢暗暗埋在心里，所以直到我报考中戏、北影的时候我们才确定关系。

但是我落榜了，那段时间他的关心给了我很大的安慰和勇气。我就又去参加高考，考上了重庆大学。然后我们便开始了跨越

四年大学时光的异地恋。

对于每一个人来说，异地恋都是非常缺乏
安全感的，有的时候一个拥抱就可以解决
的事情往往就变成了委屈和孤单。特别是
对于我们专业来说，帅哥美女那么多，我
男朋友就会经常感到不安。每一次和男朋
友打电话，旁边如果有别的男生说话，为
了让他安心，我都会给他拍一张照片，告
诉他我在什么地方干什么事。

而且我还是射手座，在许多人的眼里，射
手座都是很花心的一类人。其实射手座一
旦喜欢你，就会很专一，我们是长情的动物，

愿意为喜欢的人付出一切。

安全感是需要用付出来维持的，喜欢一个人就愿意为他付出。所以我一到周末就会坐几个小时的火车去看他，然后和他一起享受周末的时光，分享这一周的点点滴滴。

如果必须要用一个词语来描绘初恋的话，我想应该是"美好"吧。初恋很简单，你很简单，我很简单，爱情也很简单，想起那时简单的我们，就觉得很美好。那段时间，我感觉自己每一天都是快乐的，或许青春里最美好的事情就是和喜欢的一切在一起。♥

青春

青春是一首忧伤的歌

我们流着泪一唱再唱

终于
我们分头走

五彩的生活在岁月的河流冲刷下，终要褪色。少不更事的我们以为一个诺言就可以厮守一生，直到我们来到人生的十字路口。

大四的时候，我想去北京做演员，他想留在重庆发展。因为对演员这个行业的偏见，我们开始有了分歧。毕业的日子一天一天迫近，我们之前的种种矛盾累积到了一起，可能真的要说出那两个字。

这一次，他没有和以前一样在我们每一次闹矛盾的时候都主动示好，毕竟在这个敏感的时刻，人生留给我们选择的余地不多。

很久很久，我们都没有再联系。一天，我望着电脑发呆，他的 QQ 头像闪动，邀请我视频聊天。

我打开视频，可是却不知道说什么，说什么呢？说什么都显得那么苍白无力。

他也什么都没有说，我俩就这样通过电脑看着对方，然后流泪。

沉默的泪水，像是无声地宣判着我们的结局，而我们又无力改变。之前的种种画面涌上心头，情绪纷飞。

最美好、最单纯也最容易让人心痛的总是初恋。你可以为了爱情奋不顾身，无法忘记为他做过的傻事，很蠢，很天真，也很值得怀念。他们出现在最美的年华，成为那个无法复制也无法被任何人替代的回忆。这可能就是属于你的我的初恋。

我关了电脑。

结束了。🖤

艺考

我渴望阳光　渴望云朵　渴望快乐

渴望没有遗憾的选择　渴望潇潇洒洒的生活

运气是努力的
另一个名字

可能许多人都不知道，高三时我参加过北影和中戏的艺考，遗憾的是没有考上。

当时，我们老师用心良苦地以"毕业旅行"的名义忽悠我们班十几个同学去北京玩，兴高采烈的我们就踏上了北上帝都的毕业之旅。

到了北京之后，老师说既然来了，大家就以玩的心态去参加一下考试吧。后来我们才知道，老师为了给我们释放压力才特意这么说，她担心我们会失望。

同学们知道了老师的真实目的后既惊讶又

惊喜，对于艺术生的我们来说，中戏、北影是我们梦寐以求的殿堂。但是我们又有一些猝不及防，毕竟没有太多的准备，大家心里都没底。

我们就这样傻里傻气地去参加了中戏的考试，初试完了以后，除了我和两个男生，其他十几个人都被刷下来了。大家都像霜打过的茄子，斗志昂扬变成了垂头丧气，再也没有心情玩儿了。

只剩下老师陪着我和其他两个同学等待二试。结果二试完了以后，那两个同学也被刷了，老师也因为学校里有事必须回去，

只剩下我一个人单枪匹马地去迎接战斗。

中戏考试的那一天刚好是北影三试报名的
时间，这个时候，我才发现自己一个人在
这个陌生的城市里是多么孤独。在我一
筹莫展的时候，恰好有一个同学到北京来
玩，我就托他帮我去报名，最后才有机会
去考试。

发榜的日子来临，经历了前前后后一个月
的努力，我进入了中戏和北影的榜单。中
戏的成绩单甚至寄到了我的家里，在我考
的"表导合班"里我的成绩是二十几名。
这是一个很微妙的名次，如果直接报志愿

的话没那么有把握。

报考志愿的时候，综合考虑各种因素，我第一志愿填的是重庆大学，中戏放在了第二志愿。最后，我以四川省第一名的成绩"保险"地被重大录取。

和很多艺考生一样，我当时也很迷茫，尽管我也很想上中戏、北影这样的学校，可是我并没有用青春去赌。和名校擦肩而过确实有一丝遗憾，但是塞翁失马焉知非福，在重大的四年里，我更珍惜我的学习机会，用加倍的努力去弥补我的遗憾。

你永远不知道前方等待着你的是什么，我想我们能做的就是努力把眼前的事情做好，让未来不留遗憾。💔

大学

很小的时候

我便和微笑相逢

从此

我再也离不开她

青春若有张不老的脸

我时常会想起自己的大学时光，想起那些快乐和忧愁一起交织的日子，仿佛回到了青春洋溢的学生时代。

作为一所艺术院校，我们学校的美女帅哥很多，我们班更是其中的佼佼者，同学们走到哪里都有超高的回头率。当然许多同学会很享受这种吸引眼球的体验，沉浸在别人或欣赏或嫉妒的眼光里乐此不疲，忙于各种应酬。

我渐渐发现自己不擅长这种社交，因为这种带有目的的交际会让我无所适从。所以在空闲的时间，我基本都和几个关系好的

同学排练舞蹈，也会在节假日出去演出，或者一有机会就参加各种比赛。

有一次，陪一个闺蜜去参加市里话剧团的著名话剧《小萝卜头》的面试。我作为唯一的观众，坐在导演的旁边，导演和我聊了几句，让我也试一试妆。就这样，我得到了话剧里可以拿薪酬的角色。这是我第一次从最爱的表演上得到酬劳，别提多高兴了。

就这样，我陆续得到了一些演出机会，开启了自力更生的生活。我觉得我可以自己养活自己了，大学之后很少管家里要钱。

久而久之，我赚到了学费、生活费甚至后来刚到北京的时候租房的费用。

我一直相信，运气是努力的另一个名字。特别是在那段每一天都闪闪发光的日子里，我学习着表演的各种知识，看各种话剧和演出，像每一个有梦的人一样，心中对未来充满了憧憬。还好时光没有辜负我的努力，成就了现在的我。

感谢那时一起走过美好时光的小伙伴，你们在我的青春里翻江倒海，留下了抹不掉的印记。感谢当初的坚持与努力，青春若有张不老的脸，她肯定会因为你的努力永远地留存在时光中。💚

生命

微风吹进了我的窗子

它也知道我在想你

离别
是一曲忧伤的歌

外婆去世的那天，我正在给一个杂志拍照片。化妆的时候，母亲打来电话。
她从来不在我工作的时候打扰我，我预感到家里出事了。

母亲很平静地告诉了我外婆去世的消息。她说虽然很突然，但外婆却并没
有遭罪，走得很安详。她让我不要回家，忙完工作以后再回来。

挂掉电话，我努力想平复自己的心情。我知道作为一个专业演员控制情绪
是基本功，可是我的眼泪像是泉眼一样止不住地往外流，刚化的妆瞬间就
被哭花了，补了又花，再补再花。

坐在镜子前看着自己，想起外婆和我的小时候，历历如昨。我没有外婆了，
再也没有人给我挠背了。

我控制不了自己，我还是想回家。我让经纪人帮我订了最早的一架航班，
我只想着再见外婆一面。

树欲静而风不止，直到今天我依然还是会懊悔，为什么不在外婆健康的时候多拍几部戏，可以让她在电视上看到我。那时的外婆已经有一些意识不清，认不出我了。如今我可以接到好多戏，可是外婆却再也看不到了。

外婆的离世让我重新审视自己，让我认识到了尽孝要赶早，也更心疼爸爸和妈妈。只要有时间，我就会陪他们出来玩儿，和他们去他们想去的地方。

不过重庆我却不想回去，因为那里有太多关于外婆的记忆，太多让我喘不过气的熟悉的场景。每一次回去，发现没有外婆，也少了一份家的感觉。

有的时候我会想，天堂有没有电视？如果有的话，外婆会不会正在遥远的地方看着她的外孙女？可能我现在唯一能为外婆做的，就是努力拍戏，让远在天国的她有个安慰吧。🩶

你是春天的一颗种子

在风里开出了花　万紫千红　都是你的样子

时间时间
你慢些吧

如今，我最牵挂的人就是老爸老妈了。

从小到大，爸妈为我的教育付出了巨大的心血。小时候，他们像公主一样宠着我，对我百般呵护，却并不溺爱。长大了，他们用自己的方式潜移默化地影响着我、关心着我。

记得上小学的时候，每天的家庭作业都需要家长签字，老爸老妈就会很信任我，让我自己代签。哈哈哈，你们是不是很羡慕呀？！

爸妈一向很开明，邻居散步的时候看见我和一个男生放学一起走路回家，就到处乱说话。我爸听见了，就说男生女生一起走有什么大惊小怪的。

晚上有同学要过生日，一般家庭的女孩或许不能出门，他们反而鼓励我去，从来不会禁锢我的自由，所以我完全可以在不破坏原则的前提下按照自己

的意愿去做事。

我和爸妈之间的感情也许就是在这种信任
和开放的环境里一点一点地根深蒂固。

他们对我很有信心，青春期的孩子都会有
自己的小秘密，不愿跟父母交流，我们却
一直能够互相袒露心声。当我遇到问题的
时候，他们会面对面地和我交流，会帮我
分析利弊，出谋划策。

当时决定要来北京的时候，他们认真听了
我的想法，然后帮我分析并给了我很好的
建议，让我自己去决定。他们一直都尊重

我的选择。

我现在也时常会想，如果我是一个叛逆的女孩子，在这样的环境里真不知道会怎么样了。也会觉得他们就是我人生中最好的老师，培养我独立、自由又开朗的性格。

我们是流浪的驳船，家是最温暖的港湾，无论走到哪儿，总有一丝牵挂从父母连到我们的身上。也许未来的路还很长，也许它充满了曲折和荆棘，不过总会有个人给我们引路，与我们相扶，那就是爸爸妈妈。♥

朋友

微风一吹　便春暖花开

便时光扎眼　便喜欢你了

椰子树和
夏天

我一直觉得好的友情是互相的，就像哆啦
A梦总是会满足大雄的愿望，而大雄也总
会关心哆啦A梦，可以让你的生活变得精
彩。友情，就像椰子树和夏天，椰子树需
要夏天，夏天也需要椰子树。

朋友之间最需要单纯和坦荡，坦诚是一份
友谊得以维持和发展的前提。我不喜欢做
什么事都拐弯抹角或者带着目的性，包括
友情，因为我是艺人就刻意拉近关系并不
会让我觉得开心。

朋友之间的关系是纯粹的，如果你需要我，
我一定愿意帮你，会为你尽力做很多事情，

而我失落难过的时候，你也一定会在那里
不离不弃，等着我的倾诉。一个电话就可
以叫出来喝酒吃肉，陪我在深夜里轧马路
的友情才是值得珍惜的。

由于演戏和档期的原因，我和朋友们见面
的时间很少，可是我们依然会心系彼此。
对于我来说，真正意义上的朋友都已经认
识了许多年。

虽然大家可能觉得我很开朗，但是我比较
慢热，新认识的人总需要来来回回几轮交
流才会渐渐熟知，友情也是需要培养和磨
合的，相处多了才能增加成为朋友的机会。

我认定你是我的朋友，就会为你两肋插刀，你男朋友欺负你了，我一定会为你打抱不平。只要你需要我，我永远在你能看到的地方。闺蜜就是当你被别人欺负的时候，愿意为你挺身而出的人。

吵不散、骂不走的才叫好朋友。我们既能坦诚相对，又能挖苦打闹，希望对方生活得更好，还可以在无聊的时候相互取笑，不辜负最佳损友的称谓。

好朋友就像是星星，你不一定总是能见到他们。但你知道，他们会一直在那里。

火锅和比萨可以打情骂俏
炸鸡和啤酒可以嘘寒问暖
意面和烤肉也可以称兄道弟
而一切的美食和我都是朋友

美食永远
不会辜负你

跟重庆等水润的南方城市比起来，北京像块风干的腊肉，由内而外被风吹得干干的，喷几瓶水宝宝也无济于事。来这儿之后，有很多朋友都问我，为什么你吃辣就不长痘呢？这不公平呀！我就说，当然啦，因为我们重庆姑娘对辣免疫呀，哈哈。

我出生在山城重庆，辣对我来说是一种习惯。巴蜀之地湿气重，需要用辣来对抗潮湿，辣辣的火锅一下肚，潮气都被抛到了九霄云外，身体也就有了抵抗力。作为土生土长的川妹子，辣成了我们的精神和个性。所以我们那儿的孩子个个都是吃辣小达人，这可能也是人们管四川重庆的姑娘叫"辣妹子"的原因吧。有句话说得好，"我吃过的辣，比你见过的辣椒还多呐"。

如今，火锅、毛血旺、麻辣烫和鸡公煲都已经风靡全国，重庆和四川的美食攻陷了各个城市的街头巷尾，成为大家最喜爱的地方菜之一，但我还是觉得家里的美食最好吃。火锅是我最钟爱的，在它面前我能达到"一直吃"的境界，所以每次在国外或者没有火锅的地方，我就会对家乡的火锅无限

nice day

怀恋。小时候常常没得火锅吃，所以每一次吃都觉得特别美味，而现在即使外面的东西再好吃，也很难吃出小时候的那种味道了。

必须承认，作为一个吃货，术业有专攻，我在吃的方面还是颇有心得的。拍戏的时候很累，剧组的饭也并不好吃，但还是要逼着自己吃一点。抵抗不了美食的诱惑，我开始学着做饭，给自己做好吃的。只要不拍戏，我就变着花样讨好自己，要对自己好一点嘛。

自己动手，才能丰衣足食。喜欢喝汤，我就研究各种煲汤的方法，想喝冬阴功汤了，就自己动手学着做，从网上找来教程，还专门打电话向妈妈讨教。想吃麻婆豆腐了，就学习怎样做麻婆豆腐，结果做出来还非常好吃（不止我自己觉得啦），现在这是我非常拿手的一道菜。

我觉得自己在美食方面是有天赋的，刚到北京的那段日子，我请了一位外教教我英语，在他的影响下也学着做意大利面。然后就痴迷上了做饭，它在不开心的时候能让我平静，在累了的时候能让我放松，通过做饭来放空

自己也是一件很愉快的事情。后来我还学会了做蛋糕和各种家常菜，俨然一个居家小能手，我常常在朋友惊讶的眼神中觉得很自豪。

我享受着一个人去超市挑选食材的热闹（还真是没有偶像包袱，小编注），也享受着自己在厨房里用双手创造的天地，能喜欢一件事情并为之付出永远是幸福的。生活带给我们的或许只是一些简单的食材，但是经过自己的劳动和付出却能变成一道道美食，这也许就是生活的真谛，付出努力，心怀感恩，美好的事情往往不期而遇。

不管经历什么风雨、烦恼和不快，千万不要委屈了自己的胃。你不辜负自己，美食就永远不会辜负你。♥

我喜欢旅行　在我有空闲的时候

那些没有去过的地方　对我有着神奇的吸引力

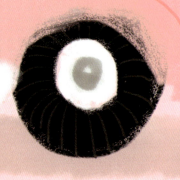

放下包袱，
才能发现旅途中的美

去过的地方很多，我也喜欢上了旅行，而旅行也从不让人失望，总能给我带来惊喜。

和朋友去罗马，因为还有杂志的拍摄任务，不得不第二天回国。带着不舍和无奈匆匆赶到机场，但由于不了解当地机场的一些流程，换登机牌的时候晚了一些，成功延误了最后一班飞机。

坐在机场的咖啡厅里，眼睁睁地看着飞机滑离机场，飞向东方。我们面面相觑，无奈而又沮丧。

朋友说，我们走回酒店吧，也不是很远。我们就拉着行李箱，走在深夜寂静的街道上。这一刻，我才真正感觉到罗马古朴的气息扑面而来，没有了白天的喧嚣和烟火，没有了浓厚的大雾和人群，整个夜晚整个城都像在诉说着一个古老的故事，一切都开始和我们亲近起来。

我们置身于一座永恒之城中，路灯微弱却闪烁着历史的光芒。古罗马竞技场仿佛在和我们诉说着她辉煌的过去，万神殿静静地矗立在夜幕里，庄严神秘，我的心情也变得安静和欢喜。

走到酒店的时候肚子饿了，就去餐厅里吃夜宵。我们吃到了一种不知道叫什么的虾，好吃极了。旅行的疲惫和误机的失落顿时无影无踪，我开始放下一颗扑扑跳动的心，享受这个夜晚。

如果没有这次意外，我可能永远也感受不到罗马夜晚的惬意。我突然明白了旅行的意义，带着好心情，放下包袱，坦然上路，遇见另一个自己，路上的一切意外和偶然都是惊喜。♥

生活

　一

　我把春天的样子　画在窗子上

　一

　每一天　就都是春天了

在每一次混乱的现场，
我总是喜欢闭上眼

《加州旅馆》这首歌不管在任何时候响起，都能把我带到吉他培训室的门前。我拉着我爸的手，站在吉他培训室的门前，里面有一个大人，发丝披散，一段流畅而优雅的音乐声从那个大人手中的吉他里流淌出来，让我讶然。这首歌是《加州旅馆》，我爸在我旁边轻轻地说。

因为这首歌，我开始了吉他学习之旅。而我的老师，就是那个大人。那个大人，他是个盲人。

当我们熟悉起来，我的老师告诉我，在他用眼睛看这个世界的时候，他活得就像一首激烈的摇滚，热烈却不着边际。那个时候喜爱的事情很多，也以为自己被很多人和事喜爱着。失去眼睛的时候，发现自己喜爱的事情失去了眼睛就失去了资格。一切变得颠覆。

说这些的时候，他的神色平缓，他的声音保持着一贯的语速，缓慢而清晰地，

他说，人在黑暗中会极度渴望光明，这种光明不是太阳的光，不是灯的光，而是一种自己一个人可以活下去的光。而这种光让你的心打开，你的心，成了你的眼。从那个时候起，他开始了吉他的学习。后来，他不仅可以完整地弹出一支又一支美妙的歌曲，还能够指教我这样的小朋友了。

我学过很多东西，跳舞、口琴、书法，而只有吉他，是我学得最久的一样。在我还是小女孩的时候，遇到了我的大人老师，他教给我最重要的事不是吉他，而是这个世界除了用眼睛可以看到，用心，可以看到更多，看得更深。

后来，我长大了，吉他的弹法也已经忘记，可是在每一个嘈杂的瞬间，在每一次混乱的现场，我总是喜欢闭上眼。

未来

愿你喜欢笑，也喜欢自己

用微笑
去迎接未来

在拍戏间隙的休憩时间，我常常会想，
如果我没有当演员，我如今会在做什么？
也许会当一个旅游达人周游各国？走过
很多地方，看看这个世界应该会很有趣。
做一个电台主持人，让大家倾听我的声
音？锻炼一下的话，我的声音应该还蛮好
听的。又或者是一个流浪狗收容所的志愿
者，为可怜的小狗狗提供一个家？那也是
很有意义的一种生活状态吧。

我喜欢狗应该是受外婆的影响。小时候家
里养过一条狗，但是因为种种原因送给了
别人。当时我和外婆特别不舍，还记得我
们把狗狗送给下一个主人时，它追着我们

走了好远。回家后我哭了好久，它在后面追着我们跑很远的那一幕让我久久难以忘怀。我忽然觉得狗狗对我来说远远不止是一只小狗或者宠物，更像是家人、朋友，生活或许会变，朋友或许会生分，但它会一直陪伴在身边。

我一直想要再养一只狗狗。刚到北京的时候，要辗转各地拍戏，没有养狗的条件和时间。后来我的生活慢慢好了起来，便养了一只博美，拍戏、旅行，我都带着它，它也一直陪在我的身边。我给它起了一个响亮的名字——屁颠儿。每次我一喊它，它就屁颠屁颠地跑过来。

屁颠儿的每一天都是简单快乐的，它不开心的时候只要给它点好吃的，它就欢喜起来。小狗教会了我很多东西，比如简单地生活，享受每一天的美好。

其实我们的生活总不会风平浪静，我们也会有各种各样的烦恼。在生活

的无尽星空下面却总有闪亮的星星，比如快乐，比如希望，哪怕只有一颗，也会指引着前进的方向。拍戏的日子总是很辛苦，可我终于学会了享受这份辛苦，用自己的热情和真诚去溶化疲惫。

简单而快乐的生活，就是我对未来的憧憬。未知的未来，它总要来。我们可以微笑着去迎接它。有很多粉丝喜欢我的笑容，我特别开心，在这里我对所有人说一句：愿你喜欢笑，也喜欢自己。

未知的未来，它总要来。我们可以微笑着去迎接它。💙

这些年，我们看到的她

2011 年主演电视剧《甄嬛传》
饰演祺贵人

2013 年主演电视剧《隋唐演义》
饰演女主角单盈盈

2013 年主演电影《西游·降魔篇》
饰演云蕾

2013 年主演电视剧《陆贞传奇》

饰演沈碧

2014 年主演电视剧《加油爱人》《幸福爱人》
饰任慕妍

–
2014 年主演电影《黄金时代》
饰演程涓

2015 年主演电影《陪安东尼度过漫长岁月》

饰演小萱

2015 年主演电视剧《因为爱情有幸福》
饰演路小楠

2015 年主演电视剧《太极宗师之太极门》
饰演柳迎春

2015 年主演电视剧《诛仙青云志》
饰演田灵儿

2015 年主演电视剧《青丘狐传说》

饰演钟晴

2016 年主演电视剧《军师联盟》
饰演郭照

2016 年主演电视剧《我曾爱过你想起就心酸》
饰演莉香

愿你喜欢笑
也喜欢自己

图书在版编目（ＣＩＰ）数据

愿你喜欢笑，也喜欢自己 / 唐艺昕著 . -- 北京：
中国友谊出版公司 , 2016.8
ISBN 978-7-5057-3790-7

Ⅰ . ①愿… Ⅱ . ①唐… Ⅲ . ①唐艺昕—自传 Ⅳ .
① K825.78

中国版本图书馆 CIP 数据核字 (2016) 第 179204 号

书名	愿你喜欢笑，也喜欢自己
作者	唐艺昕
出版	中国友谊出版公司
发行	中国友谊出版公司
经销	新华书店
印刷	北京盛通印刷股份有限公司
规格	700×980 毫米　16 开
	13 印张　52 千字
版次	2016 年 8 月第 1 版
印次	2016 年 8 月第 1 次印刷
书号	ISBN 978-7-5057-3790-7
定价	48.00 元
地址	北京市朝阳区西坝河南里 17 号楼
邮编	100028
电话	（010）64668676

如发现图书质量问题，可联系调换。质量投诉电话：010—82069336